# BEI GRIN MACHT SICH IHR
# WISSEN BEZAHLT

- Wir veröffentlichen Ihre Hausarbeit,
  Bachelor- und Masterarbeit

- Ihr eigenes eBook und Buch -
  weltweit in allen wichtigen Shops

- Verdienen Sie an jedem Verkauf

Jetzt bei www.GRIN.com hochladen
und kostenlos publizieren

# Trainingslehre. Erstellung eines Trainingsplans für einen 40-jährigen Mann

Nikolas Nast

**Bibliografische Information der Deutschen Nationalbibliothek:**

Die Deutsche Nationalbibliothek verzeichnet diese Publikation in der Deutschen Nationalbibliografie; detaillierte bibliografische Daten sind im Internet über http://dnb.d-nb.de abrufbar.

ISBN: 9783346512161
Dieses Buch ist auch als E-Book erhältlich.

© GRIN Publishing GmbH
Nymphenburger Straße 86
80636 München

Druck und Bindung: Books on Demand GmbH, Norderstedt Germany
Gedruckt auf säurefreiem Papier aus verantwortungsvollen Quellen

Das vorliegende Werk wurde sorgfältig erarbeitet. Dennoch übernehmen Autoren und Verlag für die Richtigkeit von Angaben, Hinweisen, Links und Ratschlägen sowie eventuelle Druckfehler keine Haftung.

Das Buch bei GRIN: https://www.grin.com/document/1137902

Deutsche Hochschule für
Prävention und Gesundheitsmanagement
Hermann Neuberger Sportschule 3
66123 Saarbrücken

# Einsendeaufgabe

| | |
|---|---|
| **Fachmodul**: | Trainingslehre 1 |
| **Studiengang**: | Sportökonomie |
| **Datum Präsenzphase:** | 07.12 – 10.12.2020 |
| **Name, Vorname**: | Nast, Nikolas |
| **Studienort:** | **Hamburg** |
| **Semester:** | **WS 2020 / 2021** |

# Inhaltsverzeichnis

# 1 Diagnose

Zu Beginn einer jeden Trainingsplanerstellung steht das Eingangsgespräch an. Hierbei werden alle notwendigen Daten, wie Gesundheitszustand, Trainingsmotive und Zeitbudget gesammelt, um so den aktuellen Zustand der Person zu ermitteln. Somit kann ein individueller Soll-Zustand angestrebt werden. Neben Daten zu der allgemeinen Person werden auch biometrische Daten aufgenommen.

## 1.1 Allgemeine und biometrische Daten

Tab. 1: Allgemeine und biometrische Daten der Person (eigene Darstellung)

| Daten zur Person | Datenwerte |
|---|---|
| Alter | 40 Jahre |
| Geschlecht | Männlich |
| Körpergröße | 175 cm |
| Körpergewicht | 80 kg |
| Trainingsmotive | - Rückenschmerzen reduzieren<br>Körpergewicht reduzieren<br>- Muskelaufbau |
| berufliche Tätigkeit | Maschinen- und Anlagenführer |
| frühere sportliche Aktivitäten | - Schwimmen<br>- Walking |
| aktuelle sportliche Aktivitäten | - Spazieren |
| zeitliche Verfügbarkeit | Zwei- bis Dreimal pro Woche je 60 – 90 Minuten |
| Blutdruck | 127/73 mmHg |
| Ruhepuls | 70 Schläge pro Minute |
| allgemeiner Gesundheitszustand | - Mittlere Schmerzen im LWS-Bereich<br>- keine internistischen und orthopädischen Probleme |

Tab. 2: Blutdruckklassifikation der American Heart Association (modifiziert nach Mancia et al., 2013, Guidelines fort he management of arterial hypertension. S. 1286)

| Bewertungsstufen | systolischer Blutdruck | diastolischer Blutdruck |
|---|---|---|
| Normblutdruck (Normotonie) | | |
| Optimal | unter 120 mmHg | unter 80 mmHg |
| Normal | unter 130 mmHg | unter 85 mmHg |
| Hochnormal | 130-139 mmHg | 85-89 mmHg |
| Bluthochdruck (arterielle Hypertonie) | | |

| Stufe 1 | 140 – 159 mmHg | 90-99 mmHg |
|---------|----------------|------------|
| Stufe 2 | 160-179 mmHg | 100-109 mmHg |
| Stufe 3 | > 180 mmHg | > 110 mmHg |

Während der Anamnese wurde mithilfe eines elektrischen Messgeräts der Blutdruck ermittelt. Der ermittelte systolische Blutdruck von 127 mmHg und der diastolische Blutdruck von 73 mmHg liegen innerhalb des Normwertbereiches (vgl. Tabelle 2). Folgerichtig liegen somit keine Einschränkungen für das Gesundheits- und Fitnesstraining vor. Der Normwertbereich des Ruhepuls liegt zwischen 60 – 80 Schlägen, somit gibt es mit 70 Schlägen pro Minute keine Einschränkungen.

Tab. 3: Allgemeiner Gesundheitszustand der Person (eigene Darstellung)

| Orthopädische / Internistische Probleme | Keine |
|-----------------------------------------|-------|
| Medikamenteneinnahme | Keine |
| Ärztliche Behandlung | Keine |
| Sonstige Einschränkungen | Keine |
| Belastbarkeit / Trainierbarkeit der Person | Einsteiger |

## 1.2 Krafttestung

Da der Proband eine geringe Trainingserfahrung aufweist, ist der sogenannte X-RM Test ein geeignetes Testverfahren.

Nach Eifler (Studienbrief Trainingslehre I, 2020, S. 149), ist das Ziel des Mehrwiederholungskrafttest nicht die Messung von 1-RM, sondern die Ermittlung des maximal bewältigbaren Gewichtes für eine vorher definierte Wiederholungszahl.

Der X-RM Test ist optimal für Einsteiger, da nicht mit freien Übungen, sondern an Maschinen mit geführten Bewegungsabläufen getestet wird.

Unter Trainerbetreuung wird in drei Testsätzen à zwölf Wiederholungen das maximal konzentrisch zu bewältigendem Gewicht herausgefunden.

Sollten die zwölf geforderten Wiederholungen mit Leichtigkeit absolviert werden können, wird das Gewicht im Folgetestsatz, je nach subjektivem Belastungsempfinden, um 5%, 10% oder 25% erhöht (Eifler, 2020, S. 150). Das Zielgewicht ist dann erreicht, wenn die zwölf Wiederholung noch gerade so in korrekter Ausführung ausgeführt werden können.

Um die wichtigsten Muskelpartien und Muskelgruppen einstufen zu können, wird es diverse Übungen mit je drei Testsätzen geben, sowie zwischen jedem Satz eine 30 Sekunden lange Pause.

### 1.2.1 Testablauf

Vor dem eigentlichen Test gibt es ein allgemeines Aufwärmen, heißt zuerst wird für zehn Minuten gejoggt, um Verletzungen vorzubeugen. Anschließend widmet man sich dem eigentlichen Test, hierbei wärmt man sich nochmal speziell von Gerät zu Gerät mit wenig Gewicht und circa zehn bis zwölf Wiederholungen auf.

Wichtig hierbei ist, dass der Proband von Anfang an mit der richtigen Bewegungsgeschwindigkeit arbeitet, nämlich 2/0/2.

Das heißt, zwei Sekunden exzentrisch, null Sekunden Pause am Endpunkt und zwei Sekunden konzentrisch. Dies ist aber nur durchschnittlich, da dies je nach Bewegungsamplitude der Übungen variieren kann (Eifler, 2020, S. 292).

Tab. 4: Ergebnisse vom X-RM Test (eigene Darstellung)

| Testübung | Wiederho-lungen | 1. Testsatz | 2. Testsatz | 3. Testsatz | Ergebnis |
|---|---|---|---|---|---|
| Beinpresse sitzend | 20 | 45 kg | 60 kg | 75 kg | 75 kg |
| Beinbeuger sitzend | 20 | 15 kg | 20kg | / | 20 kg |
| Brustpresse | 20 | 35 kg | 45 kg | 50 kg | 50 kg |
| Latzug sitzend | 20 | 20 kg | 35 kg | / | 35 kg |
| Schulterpresse | 20 | 20 kg | 25 kg | 30 kg | 30 kg |
| Rückenstrecker | 20 | 35 kg | 40 kg | / | 40 kg |
| Bauchmaschine | 20 | 12 kg | 20 kg | 25 kg | 25 kg |

Die erste von sieben Übungen ist die sitzende Beinpresse. Hierbei schaffte der Proband im ersten Durchlauf 45 Kilogramm. Im zweiten Durchlauf schaffte der Proband 60 Kilogramm und im letzten und dritten Durchlauf schaffte er 75 Kilogramm à zwanzig Wiederholungen, somit ist das Ergebnis bei 75 Kilogramm.

Die zweite Übung für den Probanden ist der sitzende Beinbeuger, wo er im ersten Durchlauf 15 Kilogramm und im zweiten 20 Kilogramm schaffte. Beim dritten Durchlauf mit 25 Kilogramm kam er nur auf elf Wiederholungen, somit liegt das Trainingsgewicht bei 20 Kilogramm à zwanzig Wiederholungen.

Bei der Brustpresse schaffte der Proband im Durchlauf eins 35 Kilogramm. Daraufhin schaffte er dann im zweiten ganze 45 Kilogramm und konnte sich im dritten Durchlauf nochmal auf 50 Kilogramm steigern. Daraus resultierte das Ergebnis 50 Kilogramm.

Beim Latzug vertikal zur Brust hat der Proband im ersten Durchlauf 20 Kilogramm, im zweiten 35 Kilogramm und im dritten Durchlauf mit 40 Kilogramm fast geschafft. Beim dritten Durchlauf war bei zehn Wiederholungen Schluss, somit liegt das Endgewicht bei 35 Kilogramm à zwanzig Wiederholungen.

Die fünfte von den sieben Übungen ist die Schulterpresse. Hier schafft der Proband in drei Durchläufen eine Steigerung im Gewicht von 20 Kilogramm auf 30 Kilogramm und somit liegt das Gewicht bei 30 Kilogramm.

Bei der vorletzten Übung, dem Rückenstrecker beginnend im ersten Durchlauf mit 35 Kilogramm und steigern uns dann auf 40 Kilogramm im zweiten Durchlauf. Im dritten Durchlauf mit 40 Kilogramm ist der Proband nur auf neun Wiederholungen gekommen. Sprich das Gewicht für den Plan ist 35 Kilogramm.

Die letzte Übung ist die Bauchmaschine. Im ersten Durchlauf schaffte der Proband 12 Kilogramm. Im zweiten Durchlauf schaffte er 20 Kilogramm in zwanzig Wiederholungen und im dritten Durchlauf schaffte er 25 Kilogramm. Das Ergebnis für die Bauchmaschine lautet somit 25 Kilogramm.

### 1.2.2 Schlussfolgerung

Die Ergebnisse des X-RM-Tests zeigen auf mit welchem Gewicht der Proband nun in seinem Trainingsplan startet. Zusätzlich kann man am Ende des Makrozyklus den Test nochmal wiederholen, um dem Probanden seine Fortschritte aufzuzeigen.

Somit dient das Testergebnis nicht nur als Startwert, sondern kann auch vom Probanden als Motivation gesehen werden, sich noch mehr in sein Training und das ganze Thema Fitness einzuleben. Zusätzlich ist die Führung eines Trainingsplanes eine exzellente Möglichkeit zu erkennen, wie gut man sich in welchem Zeitraum verbessert.

# 2 Zielsetzung / Prognose

In der am Anfang erfolgten Anamnese wurden die Ziele des Probanden durchgesprochen. Die Linderung der Rückenschmerzen im Lendenwirbelsäulen-Bereich steht genauso im Vordergrund, wie die allgemeine Kraftsteigerung und die Reduzierung des Gewichts.

Tab. 5: Zielsetzung (eigene Darstellung)

| Inhalt | Ausmaß | Zeit |
|---|---|---|
| Linderung der Rückenschmerzen | In einer Schmerzskala von einer 7 auf eine 4 | 2 Monate |
| Kraftsteigerung | 20 % mehr Kraft im nächsten X-RM Test | 9 Monate |
| Reduzierung des Gewichtes | Minus 10 Kilogramm | 6 Monate |

## 2.1 Begründung

Das erste Trainingsziel von dem Probanden ist die Linderung der Rückenschmerzen im Lendenwirbelsäulenbereich. Diese sind durch seinen vergangenen Beruf als LKW-Fahrer hervorgetreten. Nun kann der Proband nicht mehr lange sitzen, ohne Schmerzen zu verspüren. Auf einer Schmerzskala gab der Proband eine sieben von zehn an und möchte diese auf eine vier innerhalb der nächsten zwei Monate reduzieren.

Das zweite Ziel resultiert aus der sportlichen Vergangenheit des Probanden, welche sehr dünn ist. Das Ziel hierbei ist es den X-RM Test nach neun Monaten nochmal auszuführen und dort eine nachweisliche Kraftsteigerung von mindestens 20% zu erhalten. Nebendran bringt das zweite Ziel auch eine positive Auswirkung auf das erste und letzte Ziel.

Nun zum letzten Trainingsziel, dies ist die Reduzierung des Gewichtes, insbesondere die des Körperfetts. Da eine realistische Körperfettreduktion um 250-500g pro Woche mögliche ist (Eifler, 2020, S. 48), ist die Zeitsetzung mit sechs Monaten für zehn Kilogramm durchaus machbar.

Allgemein anzumerken ist, dass der Proband in allen Bereichen des Trainings uneingeschränkt ist.

# 3 Trainingsplanung Makrozyklus

Bei dem Makrozyklus handelt es sich um eine langfriste Trainingsplanung, welche aus mehreren Mesozyklen besteht. Nach Eifler (2020, S. 38) umfasst der Makrozyklus je nach Leistungsniveau und Trainingsziel eine zeitliche Dauer von mehreren Monaten bis hin zu einem Jahr.

## 3.1 Makrozyklusdarstellung

Tab. 6: Trainingsplanung eines Makrozyklus für einen Beginner (eigene Darstellung)

| | Mesozyklus 1 | Mesozyklus 2 | Mesozyklus 3 | Mesozyklus 4 |
|---|---|---|---|---|
| Methodik | Kraftausdauer | Muskelaufbau | Muskelaufbau | Maximalkraft |
| Zyklusdauer | 6 Wochen | 8 Wochen | 8 Wochen | 6 Wochen |
| Wiederholungen | 20 | 15 | 10 | 6 |
| Einheiten / Woche | 3 | 3 | 3 | 3 |
| Organisationsform | GK / Station | GK / Station | GK / Station | GK / Station |
| Übungen pro Muskelgruppe | 1-2 | 1-2 | 1-2 | 1-2 |
| Sätze pro Übung | 3 | 3 | 3 | 3 |
| Satzpausen | 60 Sek. | 60 Sek. | 60 Sek. | 120 Sek. |
| Intensität | 50 % – 70 % | 50 % – 70 % | 60% – 80 % | 80% – 100 % |
| Bewegungstempo / TUT | $2 - 0 - 2$ | $2 - 0 - 2$ | $2 - 0 - 2$ | $3 - 0 - 1$ |

### 3.1.1 Begründung der Methode

Nach Berücksichtigung des Probanden und seinem Status als Fitnessanfänger wurde ein deduktiver Ansatz auf der Basis des X-RM-Tests gewählt. Zu Anfang wird mit einem Kraftausdauertraining begonnen, um eine Grundlage zu schaffen, auf welche man später aufbauen kann. Beim Kraftausdauertraining startet man mit einer geringen Belastung, damit sich der Körper erst einmal daran gewöhnen kann. Sowohl die Muskeln als auch die Knochen müssen an die Belastung angepasst werden, welches mit dem zweiten Mesozyklus stattfindet. Mesozyklus drei verfolgt speziell das Ziel die Muskulatur aufzubauen, wobei der Proband auch hier schon seine Rückenmuskulatur zur Behebung der Schmerzen stärken kann. Zuletzt folgt noch ein sechs-wöchiges Maximalkrafttraining, wo die Intensität auf das Maximum gesteigert wird.

### 3.1.2 Begründung der Belastungsparameter

Zu Anfang soll der Proband in die Materie Krafttraining eintauchen. Gestartet wird mit einer Intensität zwischen 50 Prozent und 70 Prozent, welche nach den ersten 14 Wochen auf 60 Prozent bis 80 Prozent gesteigert wird. Nach weiteren acht Wochen wird die Intensität auf 80 Prozent bis 100 Prozent gesteigert. Pro Woche gibt es drei Trainingseinheiten, mit je ein bis zwei Übungen pro Muskelgruppe und drei Sätzen pro jeweilige Übung. Anfänglich werden in den ersten sechs Wochen pro Satz 20 Wiederholungen durchgeführt, in den weiteren acht Wochen sind es 15 Wiederholungen. Bei den nächsten acht Wochen sind es nur noch zehn Wiederholungen und in den letzten sechs Wochen sind es sechs Wiederholungen. Nach Güllich und Schmidtbleicher (1999, S. 232) sollte zwischen den jeweiligen Sätzen eine Pause von 60 Sekunden geben, da dies zu besserer Kraftausdauer

führt und bei dem letzten Zyklus gibt es eine Satzpause von 120 Sekunden. Die Intensität bleibt in den ersten beiden Zyklen konstant und wird ab dem dritten Zyklus erhöht. Allgemein sollte das Training, nach Eifler (2020, S. 248) nicht länger als 60 Minuten, ohne Auf- und Abwärmen dauern.

### 3.1.3 Begründung der Organisationsform

Als Organisationsform wurde ein Ganzkörpertraining zuerst im Zirkel und dann an Stationen gewählt. Für den Einsteiger ist dies eine optimale Methode, um seinen ganzen Körper gleichmäßig zu trainieren. Der Ganzkörper-Plan wurde im Gegensatz zu einem Split-Plan genommen, da der Proband eine zeitliche Verfügung von maximal drei Mal die Woche angegeben hat, somit wäre die Reizsetzung hier deutlich zu gering. Nebenbei kann er auch schon, vor dem muskelgruppespezifischen Training, anfangen seine Rumpfmuskulatur zu stärken und somit die Rückenschmerzen zu lindern.

### 3.1.4 Begründung der Periodisierung

Der Makrozyklusplan umfasst eine Länge von insgesamt 28 Wochen, in der der Proband vier verschiedene Mesozyklen durchläuft. Der erste Mesozyklus beginnt mit einem Kraftausdauertraining, welcher über eine Länge von sechs Wochen andauert. Hierbei liegt der Fokus darauf die Muskulatur und Knochen auf die folgenden Hypertrophiezyklen, sowie auf den Maximalkraftzyklus vorzubereiten. Nach den ersten sechs Wochen folgt der erste von zwei Hypertrophiezyklen, welcher eine Dauer von acht Wochen umfasst und noch die gleiche Intensität, wie der erste Mesozyklus hat. Folgend darauf beginnt dann der zweite Hypertrophiezyklus mit derselben Dauer wie der erste Hypertrophiezyklus, sprich acht Wochen. Der Unterschied hierbei ist, dass man die Intensität erhöht, wodurch nochmal ein höherer Reiz gesetzt werden kann. Im letzten und vierten Mesozyklus folgt das Maximalkrafttraining. Die Dauer beträgt sechs Wochen und die Intensität ist hierbei am größten, weshalb er nach den schon erfolgten 22 Wochen folgt.

Da von Mesozyklus zu Mesozyklus eine sinkende Wiederholungszahl und eine progressive Steigerung der Intensität besteht, spricht man hierbei von einer linearen Periodisierung.

# 4 Trainingsplanung Mesozyklus

Tab. 7: Mesozyklusplanung (eigene Darstellung)

| | |
|---|---|
| **Leistungsstufe:** Beginner | **Einheiten pro Woche:** 3-mal wöchentlich |
| **Organisationsform:** Ganzkörper | **Trainingsziel:** Kraftausdauer |
| **Zyklusdauer:** 6 Wochen | **Übungen pro Muskelgruppe:** 1 – 2 |
| **Sätze pro Übung:** 3 Sätze | **Satzpausen:** 60 Sekunden |
| **Wiederholungsanzahl:** 20 Stück | **Intensität:** 50% – 70% |
| **Bewegungstempo / TUT:** 2-0-2 | |

Der geplante Mesozyklus dauert insgesamt sechs Wochen. In diesen sechs Wochen hat der Proband drei-mal die Woche Training mit ein bis zwei Übungen pro Muskelgruppe mit jeweils drei Sätzen bei jeder Übung und 20 Wiederholungen. Zwischen den jeweiligen Sätzen wird eine Pause von 60 Sekunden eingelegt. Die Bewegung wird mit zwei Sekunden exzentrisch, ohne Halten am Umkehrpunkt, sowie zwei Sekunden konzentrisch durchgeführt. Die Leistungsstufe des Probandes ist als Beginner eingestuft. Das Trainingsziel ist die Kraftausdauer zu verbessern und hierfür wird eine Intensität von 50 Prozent bis maximal 70 Prozent verwendet.

Tab. 8: Übungsdarstellung des Mesozyklus 1 (eigene Darstellung)

| Übung | Wie-derho-lungen | ILB-Test | 1 Woche 50 % ILB | 2 Woche 52,5% ILB | 3 Woche 55 % ILB | 4 Woche 60 % ILB | 5 Woche 65 % ILB | 6 Woche 70 % ILB |
|---|---|---|---|---|---|---|---|---|
| Beinpresse sitzend | 20 | 75 kg | 37,5 kg | 39 kg | 41,25 kg | 45 kg | 48,75 kg | 52,5 |
| Beinbeu-ger sitzend | 20 | 20 kg | 10 kg | 10,5 kg | 11 kg | 12 kg | 13 kg | 14 kg |
| Brust-presse | 20 | 50 kg | 25 kg | 26,25 kg | 27,5 kg | 30 kg | 32,5 kg | 35 kg |
| Latzug sitzend | 20 | 35 kg | 17,5 kg | 18 kg | 19,25 kg | 21 kg | 22,75 kg | 24,5 kg |
| Schulter-presse | 20 | 30 kg | 15 kg | 15,75 kg | 16,5 kg | 18 kg | 19,5 kg | 21 kg |
| Rücken-strecker | 20 | 40 kg | 20 kg | 21 kg | 22 kg | 24 kg | 26 kg | 28 kg |
| Bauchma-schine | 20 | 25 kg | 12,5 kg | 13 kg | 13,75 kg | 15 kg | 16,25 kg | 17,5 kg |

## 4.1 Begründung zur Übungsauswahl

Bei der Übungsauswahl wurde auf ein maschinengeführtes Training gesetzt. Der Plan wurde auf sieben Maschinen begrenzt, da der Proband zuerst einmal die korrekte Ausführung der verschiedenen Übungen, sowie die Maschineneinstellung erlernen muss. Vor allem ist die Übungsausführung auf Grund der geführten Bewegungen, sowie der geringen Übungsvarianz schnell zu erlernen und hierdurch ist die Wahrscheinlichkeit von Fehlerbildern wesentlich geringer (Eifler, 2020, S. 221). Da der Proband ein Beginner ist, sollte geschaut werden ihn nicht zu überlasten, weshalb alle wichtigen Muskelgruppen mit maximal zwei Übungen trainiert werden, abgesehen vom Bauch wo nur eine Übung besteht, da dieser bei einigen der vorherigen Übungen als Stabilisation dient und somit beansprucht wird.

### 4.1.1 Beinpresse

Die erste Übung ist die Beinpresse sitzend. Hierbei wird der gesamte untere Körper beansprucht. Durch die hauptsächlich sitzenden Tätigkeiten an den Maschinen auf der Arbeit hat der Proband wenig Bewegung in den Beinen. Bei dieser Übung werden sämtliche Muskeln der Beine und des Gesäßes trainiert, wie der M. quadrizeps femoris, M. biceps femoris und der M. gluteus maximus.

### 4.1.2 Beinbeuger

Die nächste Übung ist der Beinbeuger sitzend. Hierbei gilt es zusagen, dass dieser dazu dient die Agonisten und Antagonisten gleichmäßig zu trainieren, um Verletzungen im Antagonisten vorzubeugen. Hierbei wird der M. biceps femoris, M. semimembranosus, sowie der M. semitendinosus gestärkt.

### 4.1.3 Brustpresse

Nach den beiden Beinübungen folgt für den Probanden die Brustpresse, als mehrgelenkige Übung. Als Beginner wird hier vom Freihantelbereich abgesehen, da ihn dies zu sehr beanspruchen würde. Der M. pectoralis major, M. pectoralis major, M. triceps brachii, sowie der M. anconaeus sind hier die beanspruchten Muskeln.

### 4.1.4 Latzug

Der Latzug folgt als nächste Übung, hierbei werden die Oberschenkel fixiert. Die Hände arbeiten im breiten Griff zur Brust. Da der Proband Rückenprobleme hat ist dies eine gute Übung, um den Rücken zu stärken. Am Latzug werden vor allem der M. latissiums dorsi und der M. rapezius pars ascendens beansprucht. Ebenso stark beansprucht werden der M. rhomboideus minor et major, der M. teres major und im Gegensatz zu der Brustpresse wo der M. triceps brachii mit beansprucht wird ist hier der M. biceps brachii dabei.

### 4.1.5 Schulterpresse

Die fünfte Übung ist die Schulterpresse an der Maschine. Neben dem M. deltoideus pars acromialis, welcher bei dieser Übung permanent beansprucht wird, ist es je nach Maschine entscheidend ob der M. deltoideus clavicularis oder der M. deltoideus pars spinalis im Vordergrund steht. Bei der Maschine von dem Probanden ist es der M. deltoideus clavicularis.

### 4.1.6 Rückenstrecker

Als vorletzte Übung folgt der Rückenstrecker, welcher für die Kräftigung des unteren Rückens dient. Dies ist eine eingelenkige Übung, welche die Streckung des Rückens verlangt. Der Trainingsfokus liegt hier isoliert auf dem M. erector spinae.

### 4.1.7 Bauchmuskelmaschine

Die letzte Übung ist die Bauchmuskelmaschine. Hierbei liegt der Fokus auf der Gegen-
partie des Rückenstreckers. Beide Übungen zusammen sind optimal für den Probanden,
um seinen Rumpf zu stärken. Bei dieser Übung wird der M. rectus abdominis und der M.
pyramidalis trainiert. Der Fokus liegt durch das Einrollen dabei stärker auf dem M. rectus
abdominis.

# 5 Literaturrecherche

**Tab. 9: Wiedergabe der ersten Studie zum Thema:„ Effekte des Krafttrainings bei Osteoporose"
(eigene Darstellung)**

| | 1. Studie |
|---|---|
| Forschungsfrage | Krafttraining an konventionellen bzw. oszillierenden Geräten und Wirbelsäu-lengymnastik in der Prävention der Osteoporose bei postmenopausalen Frauen |
| Autor | Siegrist M, Lammel C, Jeschke D |
| Erscheinungsjahr | 2006 |
| Versuchspersonen | 69 osteopenischen, postmenopausalen Frauen |
| Versuchsaufbau | 12 Monate wurden die Frauen randomisiert und kontrolliert auf verschiedene Ef-fekte diverser Trainingsprogramme untersucht in den Knochen, im Bereich der Muskelkraft, der Befindlichkeit, sowie die dynamische Leistungsfähigkeit. Von den 69 Frauen hatten alle Frauen Wirbelsäulengymnastik zweimal die Woche und zusätzlich dazu gab es für 26 Frauen zweimal die Woche noch ein konventi-onelles Krafttraining. Für weitere 23 Frauen gab es noch zu der Wirbelsäulengym-nastik ein Krafttraining mit vibrierenden Trainingsgeräten. Somit gab es 20 Frauen, welche nur die Wirbelsäulengymnastik hatten. |
| Schlussfolgerung | Die Frauen die zusätzlich noch das konventionelle Training hatten eine Vergröße-rung der Knochenfläche am Oberschenkelhals. Bei allen drei Gruppen gab es keine signifikante Veränderung an der Lendenwirbelsäule. Durch die Wirbelsäu-lengymnastik besserten sich die Kraft und das Befinden der Frauen. Letztendlich zeigten alle drei Gruppen, dass jeder der drei Arten die Knochendichte erhöht, nur halt die eine Art mehr als die andere. |

**Tabelle 10: Wiedergabe der zweiten Studie zum Thema:„ Effekte des Krafttrainings bei Osteoporose" (eigene Darstellung)**

|  | 2. Studie |
|---|---|
| Forschungsfrage | Umsetzung leistungssportlicher Prinzipien in der OsteoporoseProphylaxe - Zusammenfassende Ergebnisse der Erlanger Fitness und Osteoporose Präventions- Studie (EFOPS) |
| Autor | Kemmler W, von Stengel S, Lauber D, Weineck J, Kalender WA, Engelke K |
| Erscheinungsjahr | 2007 |
| Versuchspersonen | 2 Gruppen mit insgesamt 137 Frauen<br>86 Frauen ohne Einnahme von Medikamenten mit Auswirkungen auf den Knochenstoffwechsel führten ein intensives körperliches Training durch und andere 51 Frauen dienten als nicht trainierende Kontrollgruppe |
| Versuchsaufbau | Über 3 Jahre hinweg wurde 2-3-mal die Woche gemeinsam trainiert, sowie 1-2-mal gab es ein Heimprogramm für Zuhause. Trainingsinhalte, sowie Belastungsnormativa orientierten sich an Erkenntnissen, welche aus der Trainingswissenschaft kommen, sowie auch an humanen Querschnittstudien und Untersuchungen, welche auf Tierexperimenten basierten.<br>Zusätzlich wurden beide Gruppen mit Vitamin-D und Kalzium supplementiert. |
| Schlussfolgerung | Von den insgesamt 137 Frauen absolvierten 68 aus der Trainingsgruppe und 36 Frauen von der Kontrollgruppe die 3-Jahres-Kontrollmessung.<br>Man stellte signifikante Unterschiede zwischen beiden Gruppen für die Knochendichte an der Lendenwirbelsäule, als auch am proximalen Femur fest.<br>Man stellte ebenso fest, dass intensives und leistungssportliches Training positiv auf die Knochendichte hat. |

# 6 Literaturverzeichnis

Eifler, C. (2020). Studienbrief Trainingslehre I. Saarbrücken: Deutsche Hochschule für Prävention und Gesundheitsmanagement.

Kemmler, W., von Stengel, S., Lauber, D., Weineck, J., Kalender, W., & Engelke, K. (2007). Umsetzung leistungssportlicher Prinzipien in der OsteoporoseProphylaxe - Zusammenfassende Ergebnisse der Erlanger Fitness und Osteoporose Präventions- Studie (EFOPS). *Deutsche Zeitschrift für Sportmedizin*, 427-432.

Schmidtbleicher, D., & Güllich, A. (1999). Struktur der Kraftfähigkeiten und ihrer. *Deutsche Zeitschrift für Sportmedizin,*, 223-234.

Siegrist, M., Lammel, C., & Jeschke, D. (2006). Krafttraining an konventionellen bzw. oszillierenden Geräten und Wirbelsäulengymnastik in der Prävention der Osteoporose bei postmenopausalen Frauen. *Deutsche Zeitschrift für Sportmedizin*, 182-188.

# 7 Abbildungs- und Tabellenverzeichnis

## 7.1 Tabellenverzeichnis